1866. (Mars 5-7)

Vente des Mardi 6 et Mercredi 7 mars 1866

CABINET

DE FEU

M. DUPEYRAT

Ancien architecte de la ville de Paris.

OBJETS D'ART

ET DE CURIOSITÉ

TABLEAUX ANCIENS

EXPOSITION PUBLIQUE :

Le Lundi 5 Mars 1866, de une heure à cinq heures.

Me Ch. PILLET, Commissaire-Priseur

M. FEBVRE, Expert

N°. 14.

PARIS. — IMPRIMERIE PILLET FILS AINÉ
5, RUE DES GRANDS-AUGUSTINS

CATALOGUE

D'OBJETS D'ART

ET DE CURIOSITÉS

Meubles anciens des XIVe, XVe et XVIe siècles;
Bronzes d'art, Pendules, Glaces, anciennes Porcelaines de la Chine, du Japon et de Sèvres;
Vitraux, Faïences italiennes et d'autres fabriques;
Anciennes Tapisseries et Soieries;
Objets divers;
Environ 80 Tableaux anciens et modernes;
Dessins, Aquarelles et Gravures

DONT LA VENTE AUX ENCHÈRES PUBLIQUES AURA LIEU

Par suite du Décès de M. DUPEYRAT

Ancien architecte de la ville de Paris

HOTEL DROUOT, SALLE No 1

Les Mardi 6 et Mercredi 7 Mars 1866

A DEUX HEURES.

Par le ministère de Me **CHARLES PILLET**, Commissaire-Priseur, rue de Choiseul, 11,

Assisté de M. **FEBVRE**, Expert, rue Laffitte, 12,

Chez lesquels se trouve le présent Catalogue.

EXPOSITION PUBLIQUE

Le lundi 5 mars 1866, de une heure à cinq heures.

CONDITIONS DE LA VENTE

Elle sera faite au comptant.

Les adjudicataires payeront *cinq pour cent* en sus des enchères.

L'exposition mettant le public à même de se rendre compte de l'état des objets, il ne sera admis aucune réclamation une fois l'adjudication prononcée.

Paris. — Imprimerie de Pillet fils aîné, rue des Grands-Augustins, 5.

DÉSIGNATION

DES OBJETS

Meubles anciens

1 — Très-beau meuble Louis XIII en ébène sculpté, gravé et guilloché. Les panneaux offrent en bas-relief les figures de Cérès et de Diane, puis des ornements gravés et des figures en relief formant écoinson; les côtés et le revers des panneaux sont enrichis de beaux ornements et de figurines gravés. A l'intérieur est un portique et un grand nombre de tiroirs; le portique en s'ouvrant laisse voir la salle d'un palais avec colonnade; le tout en bois incrusté d'ivoire.

2 — Petit meuble italien du XVIe siècle; le centre avec portail et figures; autour du portail sont plusieurs tiroirs. cette pièce est ornée de figures et de têtes se détachant en ronde bosse.

3 — Bahut Louis XIII avec sujets religieux sculptés.

4 — Grand meuble en bois sculpté formant corps de bibliothèque; il est orné de cariatides, de têtes et d'ornements à haut relief; les deux portes sont vitrées.

5 — Bahut sculpté de l'époque de Henry II. Cette pièce très-pure de style, offre des panneaux avec figures couronnées d'ogives. Ces figures sont séparées par des colonnettes légères dominées par des animaux fantastiques.

6 — Très-belle et ancienne pendule de l'époque de Boule, en marqueterie de cuivre sur écaille, très-riche de bronzes; elle est soutenue par quatre sphinx qui reposent sur un socle plat à tablier; sur les pans coupés sont des cariatides, le haut est surmonté d'un amour, en bas du cadran est le char de l'Aurore. Le cadran porte le nom de Delavnay, à Paris.

7 — Beau bahut Louis XII, orné de colonnettes et de panneaux richement sculptés.

8 — Glace biseautée, encadrement guilloché Louis XIII.

9 — Glace Louis XIII à pans et biseautée; très-riche encadrement en bois noir, enrichi ainsi que le fronton d'ornements en cuivre repoussés.

10 — Petite pendule Louis XIV de forme droite, modèle dit aux colombes. Bonne pièce, socle en marqueterie de cuivre sur écaille.

11 — Petite glace Louis XIII, dans son encadrement en cuivre repoussé.

12 — Autre glace Louis XIII, même genre.

13 — Meuble à hauteur d'appui, à tablette et colonnes torses, le tiroir très-richement sculpté.

14 — Crédence Louis XII, à pans coupés, très-belle de sculpture; le panneau principal avec serrure et frise en cuivre repoussé à jour.

15 — Partie basse d'un meuble sculpté, style renaissance, soutenu par trois colonnes avec cariatides; les pieds à griffes de lion.

16 — Charmant petit coffret italien en bois sculpté, orné de mascarons et de figures mythologiques.

17 — Petit bahut renaissance en bois sculpté, orné de figures et de colonnes surmontées de coquilles.

18 — Grand meuble sculpté formant bibliothèque; les portes vitrées sont entourées de cariatides, de têtes en relief, de riches ornements et de mascarons, l'entablement avec belle frise.

19 — Petit coffret Louis XIII recouvert en cuir et orné de clous et de plaques en cuivre repercé à jour.

20 — Très-belle table en bois sculpté de l'époque de Louis XIV. Elle est à quatre faces et d'un aspect élégant.

21 — Petite console Louis XVI, en acajou, ornée de filets, d'une galerie en cuivre et de colonnes cannelées.

22 — Grand meuble de forme rectangulaire, formant une table de travail pour un architecte. Ce meuble est orné sur trois côtés de riches panneaux en bois sculpté, de l'époque de Henri IV. Au centre du plus grand, sont deux figures emblématiques soutenant un écusson fleurdelisé. Le dernier côté de ce grand meuble contient de larges tiroirs propres à serrer des plans.

23 — Grand coffret de mariage couvert en cuir de Cordoue et orné de clous en cuivre, l'intérieur garni en étoffe rouge capitonnée.

24 — Petite glace dans son cadre Louis XIV, en bois doré et sculpté.

25 — Autre glace biseautée dans son cadre Louis XIII, en ébène guilloché.

26 — Commode Louis XIV, en bois amarante et de rose ; belle garniture et poignées en bronze.

27 — Paravent Louis XIV, à quatre feuilles, la monture en bois noir avec motifs en bronze doré, les panneaux en soie brochée.

28 — Plusieurs frises et fragments de meubles, en ébène sculpté.

29 — Deux chaises sculptées, garniture en damas rouge.

30 — Deux tabourets de l'époque de Louis XIII.

31 — Plusieurs chaises Louis XIII, en bois sculpté et à colonnes torses; elles sont garnies de velours d'Utrecht.

32 — Trois grands fauteuils, même époque.

33 — Autre grand fauteuil Louis XIII, couvert en ancienne tapisserie.

34 — Un autre, également couvert en ancienne tapisserie.

35 — Petite table Louis XIII, à colonnes torses.

Bronzes d'art et autres

36 — Grande figurine en bronze : la Vénus de Milo. — Première fonte.

37 — Cheval marchant. — Bronze, par Barye.

38 — Grande figurine en bronze : Vénus debout, tenant deux colombes.

39 — Grande figurine en bronze : Mercure s'élançant dans les airs.

40 — Petite lanterne Louis XVI, avec nœuds en bronze doré et guirlandes de perles.

41 — Lustre hollandais à six lumières.

42 — Lustre italien en cuivre, à six lumières.

43 — Petite pendule Louis XVI, bronze doré et marbre blanc.

44 — Deux appliques rocailles en bronze doré, à deux lumières et branches contournées.

45 — Deux flambeaux en bronze doré, style Louis XIV.

46 — Deux autres de l'époque de Louis XIV, très-finement gravés.

Porcelaines de la Chine et du Japon et autres Fabriques

47 — Deux grands plats en porcelaine du Japon, très-beaux de décor.

48 — Deux petites bouteilles chine, décor bleu très-fin.

49 — Deux autres de forme droite, à petits goulots.

50 — Grand plat chine, très-beau décor en ancien laque.

51 — Deux potiches du Japon, de forme octogone, les cols e les couvercles avec écussons à jour.

52 — Pot à tabac en chine, décor bleu.

53 — Autre pot, orné de rosaces.

54 — Deux boites à thé en chine.

55 — Trois théières en japon

56 — Garniture de trois pièces : une potiche et deux cornets, en chine fond bleu ; beau et ancien décor en vieux laque de couleur, avec fleurs en relief.

*

57 — Un plat du Japon; au centre, des habitations chinoises.

58 — Plat de chine émaillé; au centre; bouquet de fleurs.

59 — Deux plats de la famille verte, décorés de personnages, femmes et enfants.

60 — Deux plats du Japon, décor en couleur.

61 — Fragment d'un cornet en japon.

62 — Deux plats de chine, les bordures dites à cachemire; aux centres sont des biches dans des paysages.

63 — Un plat de chine, décor de fleurs et paons.

64 — Deux autres sur fonds cannelés.

65 — Environ 60 assiettes en porcelaine du Japon, de décors divers.

66 — Environ 30 tasses et leurs soucoupes, même porcelaine.

67 — Petit vase à violettes, en porcelaine du Japon.

68 — Deux cornets en japon; montures anciennes en bronze doré.

69 — Deux bouteilles en japon, décor bleu.

70 — Quatorze plats de petites dimensions en porcelaine du Japon, décors variés.

71 — Trois compotiers, même porcelaine.

72 — Trois grands bols, même porcelaine.

73 — Neuf autres plus petits.

74 — Écuelle avec son plateau et son couvercle en porcelaine de Sèvres, fond gros bleu rehaussé d'or. Elle est ornée de six médaillons de fruits. Décor par Vincent.

75 — Quatre statuettes d'après l'antique, en biscuit de Sèvres.

Faïences italiennes

76 — Urbino. — Plat avec trois personnages : Vénus, Adonis et l'Amour.

77 — Urbino. — Plat avec la figure de Pomone.

78 — Urbino. — Plat avec Vénus et l'Amour.

79 — Urbino. — Plat avec le sujet de Tarquin et Lucrèce.

80 — Urbino. — Plat avec le sujet du Jugement de Paris.

81 — Urbino. — Plat avec le sujet de Pluton et Proserpine rentrant aux enfers.

82 — Urbino. — Autre plat avec sujet mythologique.

83 — Urbino. — Plat avec guerriers adorant des divinités païennes.

84 — Urbino. — Plat avec le sujet du supplice de Marsyas.

85 — Urbino. — Plat avec le sujet de Diane et Actéon.

86 — Pésaro. — Plat à reflets métalliques, à ombilic creux, très-riche d'ornements, sur fond gris.

87 — Pésaro. — Plat à reflets métalliques, orné de rosace

88 — Pésaro. — Plat avec riche bordure; au centre un cavalier.

89 — Pésaro. — Plat avec la figure de saint Jean.

90 — Pésaro. — Autre plat avec guerrier.

91 — Faenza. — Plat fond bleu avec ornements et mascarons gris sur fond bleu ; au revers on lit : EL-MO-POT-ER-MI-SCV. SA.

92 — Bas-relief en faïence italienne, avec triton tenant deux flambeaux ; émail blanc.

93 — Castelli. — Belle plaque en couleur représentant la Cène; au-dessus du sujet est un paysage arcadique.

94 — Castelli. — Petit plat, avec parque.

95 — Castelli. — Autre petit plat représentant Abel offrant un sacrifice au Créateur.

96 — Castel. — Petit plat avec paysage.

97 — Catsel-Durante. — Deux plats avec guerriers à cheval.

Faïences anciennes de fabriques diverses

98 — Bernard Palissy. — Petit plat avec femme portant un fût de colonne.

99 — Fabrique hollandaise. — Plat à décor d'arabesques; au centre un guerrier.

100 — Même fabrique. — Plat à décor d'arabesques entourant un amour.

101 — Autre grand plat de même fabrique.

102 — Saucière et plateau en delft, décor camaïeu violet.

103 — Six assiettes en faïence de Haguenau.

104 — Six autres avec aérostats.

105 — Deux grandes et belles potiches en delft, décor bleu sur fond cannelé.

106 — Grand plat, même faïence, décoré de frises.

107 — Petite coupe et son plateau, en faïence de Moustier.

108 — Plusieurs briques ou carreaux en faïence, Henri IV et Louis XIII.

109 — Plaque en faïence de Moustier, décor de Berin.

Objets divers

110 — Sardoine gravée en intaille, représentant l'Amour dans un char traîné par des griffons.

111 — Plaque en ivoire gravé: le triomphe d'un guerrier; travail italien.

112 — Bas-relief en cuivre, repoussé et ciselé : la Nativité.

113 — Clef en fer ciselé de l'époque de Louis XIV.

114 — Plusieurs vases antiques étrusques de la fabrique de Nola; tous avec sujets, personnages antiques ou mythologiques.

115 — Coupes de même fabrique, également ornées de personnages.

116 — Deux vases antiques gallo-romains ; terre grise.

117 — Chapiteau corinthien antique, en pierre, très-beau de sculpture et bien conservé.

118 — Deux plats Louis XIII en cuivre repoussé.

119 — Deux petites coupes en marbre veiné.

120 — Collier en ambre jaune à très-grosses perles.

121 — Quatre pots en ancien grès de Flandre.

122 — Deux paires de mouchettes Louis XIV, en cuivre gravé.

123 — Une peau de lion avec la tête.

124 — Une peau de loup avec la tête.

125 — Plusieurs planches à dessiner pour architectes. et autres accessoires.

Anciennes Tapisseries de Beauvais

126 — Grande tapisserie représentant Abraham précédé de son fils, se rendant au lieu du sacrifice.

127 — Une autre. — Esther aux pieds d'Assuérus.

128 — Une autre. — La reine de Saba.

129 — Une autre. — Sujet biblique.

130 — Une autre. — Le départ d'un guerrier.

131 — Une autre. — Le jugement de Salomon.

132 — Autres tapisseries : sujets de l'histoire sacrée.

Soieries et Tapisseries

133 — Couvre-pieds de l'époque de Louis XIV, en satin blanc, très-richement orné de bouquets de fleurs brodés à la main.

134 — Couronnement de lit en ancienne soierie.

135 — Très-belle écharpe orientale brodée en fin.

136 — Petit tapis de table en tapisserie de l'époque de Louis XIV.

137 — Autre tapis de la même époque beaucoup plus grand.

138 — Coussin en vieille tapisserie à la main, de l'époque de Louis XIII, avec le sujet de l'Annonciation.

139 — Quatre grands rideaux en ancien damas de soie rouge broché.

140 — Petit tableau en ancienne tapisserie à la main : adoration à la Vierge.

141 — Un autre, même grandeur : Suzanne et les vieillards.

142 — Tableau brodé en soie représentant une adoration à la Vierge.

Vitraux anciens

143 — Vitrail suisse, avec personnages, armoiries et inscriptions.

144 — Autre vitrail même genre.

145 — Un autre avec personnage : gouverneur d'un canton.

146 — Le Christ au tombeau. XVe siècle.

147 — Grand vitrail : Caïn tuant son frère Abel.

148 — Un autre : Adam au paradis terrestre.

149 — Deux cadres contenant dix vitraux ayant trait à la vie de saint François.

150 — Deux vitraux : les bustes de saint Pierre et de saint Paul.

Verreries de Venise et allemande

151 — Plusieurs verres en cristal de Bohême, presque tous gravés.

152 — Quatre verres de Venise.

153 — Grand bol en verre de Venise à filigranes blanc et de couleur.

154 — Petit vide-poche, même genre.

155 — Coupe en verre de Venise à filigranes blancs contournés.

TABLEAUX ANCIENS

ALBANE (Ecole de L')

156 — Le sommeil de Jésus.

BURCK (Van der)

157 — Deux paysages, environs de Paris.

BOISSELIER

158 — Berger près d'une fontaine.

BESCHEY

159 — L'Adoration des bergers.

CARRACHE (Attribué à A.)

160 — Nymphe et satyre.

CARRACHE (Louis)

161 — Le repos de l'Amour.

CHAMPAIGNE (École de)

162 — Portrait d'une dame de distinction.

CIGALON

163 — Bacchante endormie.

CIGNANI (C.)

164 — Lucrèce se donnant la mort.

COURT (Attribué à)

165 — Jeune femme italienne, les bras posés sur l'appui d'une fenêtre.

DANIEL DE VOLTERRA

166 — Jeune homme vu en buste.

DECAMPS

167 — Chiens au chenil.

Esquisse.

DENNER Genre de)

168 — Tête de vieillard.

DOW (D'après Gérard)

169 — Ménagère hollandaise nettoyant un chaudron.

DYCK (Genre de A. Van)

170 — L'Enfant Jésus tenant sa croix.

171 — Allégorie de la vie et de la mort.

GÉRARD (le Baron)

172 — La Folie dirige l'Amour. Gracieuse composition.

GRIMOUX (Genre de)

173 — Tête de jeune homme portant une toque.

GUIDO RENI (Genre de)

174 — Deux gladiateurs.

GUIDO RENI (D'après)

175 — David tenant la tête de Goliath.

GUARDI

176 — Quatre compositions représentant des vues de Venise

Ces charmantes productions sont de véritables bijoux de maître

GUERCINO

177 — Tête de vieillard.

GUERCINO (D'après)

178 — La mort de saint Jérôme.

HOET (Gérard)

179 — Le Banquet des dieux.

JORDAENS (J.)

180 — Fête à Pomone.
Composition capitale.

181 — Saint Luc.

LANCRET (Genre de)

182 — La Promenade.

LANFRANCO

183 — Tête de vieillard avec longue barbe.

LAWRENCE

184 — Portrait de deux dames anglaises.

LACROIX (A. DE)

185 — Chevaux conduits par un palfrenier.

LE THIERS (le Baron)

186 — Odalisque.

MARATTI (Carlo)

187 — Sainte Thérèse adorant la Vierge et Jésus.

MICHEL-ANGE DE CARAVAGE

188 — Deux musiciens italiens.

NANTEUIL (Célestin)

189 — La Marchande de poissons.

NETSCHER (Genre de G.)

190 — Vertumne et Pomone.

PROCACINI

191 — Sujet biblique, trois figures.

REMBRANDT (École de)

192 — Tête de rabbin.

ROTTENHAMER (D'après)

193 — La nymphe Calisto amenée au tribunal de Diane.

SASSO FERRATO (Attribué à)

194 — La Vierge et l'Enfant Jésus.

STELLA (J.)

195 — La Vierge et Jésus adorés par des saints.

TITIEN (École de)

196 — Vénus couchée et deux amours.

TINTORETTO (Robusti)

197 — Le Christ mort soutenu par Joseph d'Arimathie.

198 — Mort d'un personnage de l'ancienne Rome.

VESTIER

199 — Tête de jeune femme.

INCONNUS

200 — Buste de jeune femme ayant une rose dans ses cheveux.

201 — Vues italiennes. — Fixés.

202 — Philosophe écrivant.

203 — Le Jugement dernier.

ÉCOLE FRANÇAISE

204 — Les dieux de l'Olympe.

205 — Tête de Napolitain.

ÉCOLE ITALIENNE

206 — Tête de saint Pierre.

207 — Jeune femme tenant un groupe de figurines.

208 — Une scène de carnaval.

ÉCOLE ESPAGNOLE

209 — Saint François méditant.

ANCIENNE ÉCOLE HOLLANDAISE

210 — Portrait de femme, en buste.

ÉCOLE MODERNE

211 — Saint François.

212 — Saint Jean.

213 — Baigneuse.

214 — Le Marchand d'esclaves.

215 — Paysage avec côteau boisé.

216 — Une scène de l'Inquisition.

DESSINS

DESSINS PAR M. DUPEYRAT

217 — Cadre contenant trois vues de Venise.

Aquarelle.

218 — Cadre contenant trois autres vues de Venise.

Aquarelle.

219 — Cadre contenant le plan d'une église.

Aquarelle.

220 — Autre plan d'église.

Aquarelle.

221 — Cadre contenant 12 vues italiennes.

Aquarelle.

222 — Femme priant dans un temple.

Aquarelle.

223 — Projets de théâtres, d'édifices, de maisons; — croquis divers.

Seront divisés.

224 — Soldat en voyage.

Aquarelle.

225 — Six dessins; — projets de portiques.

226 — Ruines d'un monastère.

Aquarelle.

227 — Une vue de la place St-Marc à Venise.

Aquarelle.

228 — Cadres contenant 12 vues diverses.

Lavis et aquarelle.

DEVÉRIA (A.)

229 — Odalisque.

Sépia.

CHAPONIÈRE

230 — Buste de femme.

Crayon.

231 — Un juge.

Crayon.

232 — Paysanne.

Crayon.

CHAGRAT

233 — Plage normande.

Aquarelle.

COROT

234 — Paysage.

Crayon noir.

GÉRICAULT (Attribué à)

235 — Cheval marchant.

Crayon.

GIRAUD (Eug.)

236 — Quatre dessins à la mine de plomb, pour illustrations de Manon Lescaut.

237 — Femme milanaise.

Aquarelle.

GUERCINO

238 — Loth et ses filles.

239 — Jeune homme tenant un livre.

Dessin.

HORAU

240 — Cadre contenant deux vues de l'ancienne Thèbes.

Aquarelle.

241 — Cadres contenant deux vues de Constantinople.

Aquarelle.

242 — Vue d'Egypte ; porte monumentale.

Aquarelle.

HUDEGGER

243 — La Vierge et Jésus.

Crayon.

NICOLLE

244 — Une vue de Rome.

Aquarelle.

245 — Trois petits dessins à l'aquarelle, vues de villes.

SENTIES (Th.)

246 — Femme orientale.

Pastel.

VERNET (Horace)

247 — L'Espion.

Mine de plomb.

VIDAL

248 — Diane.

Trois crayons.

GRAVURES

249 — Cadre contenant neuf eaux-fortes, d'après Rembrand.

250 — Un autre contenant trois épreuves, idem.

251 — Plusieurs autres cadres, contenant des dessins et des gravures.

252 — Cadres contenant douze eaux fortes par et d'après Rembrand.

253 — Sous ce numéro plusieurs dessins anciens et modernes non catalogués.

254 — Sous ce numéro les objets omis,

www.ingramcontent.com/pod-product-compliance
Ingram Content Group UK Ltd.
Pitfield, Milton Keynes, MK11 3LW, UK
UKHW022006260726
13994UKWH00004B/1962